لَعْنَةُ الإِسْكَنْدَرِ

مُصْطفى عبْد النّاصِر

ALEXANDER'S CURSE

MODERN STANDARD ARABIC READER — BOOK 2

WRITTEN BY MOSTAFA ABDEL NASSER
EDITED BY MATTHEW ALDRICH

lingualism

ISBN: 978-1-949650-29-7

Written by Mostafa Abdel Nasser

Edited by Matthew Aldrich

Arabic translation* by Lilia Khachroum

English translation by Mohamad Osman

Cover art by Duc-Minh Vu

Audio by Heba Salah Ali

from the original Egyptian Arabic to Modern Standard Arabic

website: www.lingualism.com

email: contact@lingualism.com

INTRODUCTION

The **Modern Standard Arabic Readers** series aims to provide learners with much-needed exposure to authentic language. The books in the series are at a similar level (B1-B2) and can be read in any order. The stories are a fun and flexible tool for building vocabulary, improving language skills, and developing overall fluency.

The main text is presented on even-numbered pages with tashkeel (diacritics) to aid in reading, while parallel English translations on odd-numbered pages are there to help you better understand new words and idioms. A second version of the text is given at the back of the book, without the distraction of tashkeel and translations, for those who are up to the challenge.

Visit the **Modern Standard Arabic Readers** hub at **www.lingualism.com/msar**, where you can find:

- **free accompanying audio** to download or stream (at variable playback rates)

- a **blog** with tips on using our Modern Standard Arabic readers to learn effectively

This book is also available in Egyptian Arabic at www.lingualism.com/ear.

لَعْنَةُ الإِسْكَنْدَر

"لَنْ تَنْسَى أَبَدًا رَائِحَةَ يُودٍ بَحْرِ الإِسْكَنْدَرِيَّةِ، وَلَنْ تَتَمَكَّنَ أَبَدًا مِنْ شَمِّهِ فِي أَيِّ مَكَانٍ آخَرَ فِي الْعَالَمِ. نَاهِيكَ عَنْ فَتَيَاتِ الإِسْكَنْدَرِيَّةِ، يَا سَيِّدِي!" كَانَتْ هَذِهِ الْكَلِمَاتُ الأَخِيرَةُ الَّتِي سَمِعَهَا قَاسِمُ قَبْلَ رُكُوبِ الْقِطَارِ، كَلِمَاتُ الْعَرَّافَةِ الَّتِي كَانَتْ جَالِسَةً بِجَانِبِ مَدْخَلِ مَحَطَّةِ الْقِطَارِ لِمُدَّةِ ثَلَاثَةِ أَيَّامٍ.

كَانَ قَاسِمُ مُقْتَنِعًا بِأَنَّ الْعَرَّافِينَ هُمْ لُصُوصٌ، لَكِنَّهُمْ كَانُوا مُفْعَمِينَ بِالْحَيَوِيَّةِ. سَيَبْذُلُونَ جُهْدًا فِي التَّحْضِيرِ لِعَرْضِهِمْ، مِمَّا يَجْعَلُهُمْ جَدِيرِينَ بِالْمَالِ الَّذِي يَأْخُذُونَهُ مِنَ النَّاسِ، عَلَى الرَّغْمِ مِنْ أَنَّهُمْ يَقُولُونَ أَشْيَاءَ عَامَّةً. مَا هِيَ الْبَرَاعَةُ فِي إِخْبَارِكَ، وَأَنْتَ تَقِفُ عِنْدَ مَدْخَلِ مَحَطَّةِ قِطَارٍ، أَنَّهُ لَدَيْكَ رِحْلَةٌ أَمَامَكَ؟ كَلَامٌ فَارِغٌ!

وَمَعَ ذَلِكَ، كَانَ قَاسِمُ مُقْتَنِعًا بِأَنَّ كُلَّ النَّاسِ يَسْتَحِقُّونَ الِاسْتِمَاعَ إِلَيْهِمْ، وَلَكِنْ لَيْسَ كُلُّ النَّاسِ يَسْتَحِقُّونَ أَنْ يُصَدَّقُوا.

Alexander's Curse

"You'll never forget the smell of the iodine of the sea in Alexandria, and you'll never be able to smell it anywhere else in the world. Not to mention the girls of Alexandria, sir!" These were the last words Qassem had heard before getting on the train–the words of the fortune-teller who had been sitting next to the train station entrance for three days.

Qassem was convinced that fortune-tellers were thieves, but they were lively. They would put effort into preparing for their demonstration, which makes them deserve the money they're taking from people, even though they say general things. What's the cleverness in telling you, as you are standing at the entrance of a train station, that you have a journey before you? Nonsense!

However, Qassem was convinced that all people deserve to be listened to, but not all people deserve to be believed.

دَخَلَ قاسِمُ مَقْصورَتَهُ في قِطارِ السّاعَةِ 9 صَباحًا في طَريقِهِ إِلى الإِسْكَنْدَرِيَّةِ. جَلَسَ واضِعًا رِجْلًا عَلى أُخْرى، وَضْعيَّةُ جُلوسِ ضابِطِ شُرْطَةٍ.

قاسِمُ سُلْطانُ عَفيفي، أَكْفَأُ ضابِطَ شُرْطَةٍ في جِهازِ الأَمْنِ المِصْرِيِّ، وَضابِطُ شُرْطَةٍ مَكْروهٌ مِنْ قِبَلِ الإِنْجِليزِ. غُرِسَتْ جيناتُ الشُّرْطَةِ بِداخِلِهِ. كانَ جَدُّهُ وَوالِدُهُ مِنْ أَفْضَلِ الضُّبّاطِ في مِصْرَ، وَشارَكا في الثَّوْرَةِ الَّتي اِمْتَدَّتْ مِنْ 1879 إِلى 1882، مِمّا جَعَلَ الإِنْجِليزَ يَكْرَهونَهُما.

كانَ قاسِمُ أَيْضًا أَحَدَ مُعارِضي السّياسَةِ الإِنْجِليزِيَّةِ في مِصْرَ وَشارَكَ مَعَ النّاسِ في ثَوْرَةِ 1919. لَكِنْ لِأَنَّهُ ابْنُ الضُّبّاطِ وَأَحَدُ أَغْنى النّاسِ في مِصْرَ، لَمْ يَسْتَطِعْ أَحَدٌ طَرْدَهُ مِثْلَ زُمَلائِهِ، لَكِنَّ رَئيسَهُ كانَ يَسْتَمْتِعُ بِمَنْحِهِ مَهامَّ سَخيفَةٍ لِإِزْعاجِهِ.

كَهَذِهِ المُهِمَّةِ الَّتي كانَ يَقومُ بِها حالِيًّا في ذَلِكَ الْيَوْمِ، يَوْمُ خَميسٍ في مُنْتَصَفِ ديسَمْبِرَ. كانَ الْبَرْدُ مِثْلَ الْجَليدِ في جَسَدِ قاسِمٍ، بَعْدَ ثَلاثِ سَنَواتٍ مِنْ ثَوْرَةِ 1919.

Qassem entered his compartment on the 9 a.m. train en route to Alexandria. He sat and crossed his legs–the sitting position of a police officer.

Qassem Sultan Afifi, the most qualified police officer in the Egyptian security apparatus, and the most hated police officer by the Englishmen. The genes of the police were planted within him. His grandfather and his father were among the best officers in Egypt, and they participated in the revolution that was from 1879 to 1882, which made the English hate them.

Qassem was also one of the opponents of the English policy in Egypt and participated with people in the 1919 revolution. But because he is the son of officers and one of the richest in Egypt, no one could fire him like his colleagues, but his boss enjoyed giving him silly missions to annoy him.

Like this mission that he was currently on that day, on a Thursday in the middle of December. The cold was like ice in Qassem's body, three years after the 1919 revolution.

❖ ❖ ❖

كانَ لا يَزالُ في مِزاجٍ سَيِّءٍ بِسَبَبِ حَديثِهِ مَعَ رَئيسِهِ في الْيَوْمِ السّابِقِ. وَفي كُلِّ مَرَّةٍ يَتَذَكَّرُ المُحادَثَةَ، كانَ يُشْعِلُ سيجارَةً حَتّى لا يَفْقِدَ أَعْصابَهُ.

"إِنَّهُ يَوْمٌ واحِدٌ فَقَطْ يا قاسِمُ! سَتَذْهَبُ إِلى الإِسْكَنْدَرِيَّةِ غَدًا، وَتَعودُ إِلى الْقاهِرَةِ يَوْمَ الْجُمُعَةِ."

وَعِنْدَما شَعُرَ رَئيسُهُ أَنَّهُ مُسْتاءٌ، أَوْضَحَ: "إِنَّ الإِنْجِليزَ يُحْدِثونَ بَعْضَ الضَّجيجِ حَوْلَ هَذا الرَّجُلِ الَّذي تُوُفِّيَ قَبْلَ ثَلاثَةِ أَيّامٍ. إِذا لَمْ نُرْسِلْ أَيَّ شَخْصٍ، سَيَقولونَ إِنَّنا لا نُبالي، وَقَدْ يَقولونَ أَنَّنا مَنْ قَتَلْناهُ... لا نُريدُ أَيَّ مُشْكِلَةٍ يا قاسِمُ... هُمْ خائِفونَ مِنْ عَوْدَةِ الْعِصاباتِ الَّتي تَخْتَطِفُ رِجالَ الشُّرْطَةِ... والْجَميعُ في الِاسْكَنْدَرِيَّةِ يَعْلَمُ أَنَّها لَعْنَةُ الإِسْكَنْدَرِ.

"هَلْ تُؤْمِنُ بِهَذِهِ الْخُرافاتِ؟"

"خُرافاتٌ؟ هَلْ تَعْرِفُ كَمْ مِنَ النّاسِ ماتوا أَثْناءَ الْبَحْثِ عَنْ قَبْرِ الإِسْكَنْدَرِ المَقْدونِيِّ؟"

"لا، لا أَعْرِفُ."

❖ ❖ ❖

He was still in a bad mood from his conversation with his boss the day before. And each time he remembered the conversation, he would light a cigarette so as not to lose his temper.

"It's just one day, Qassem! You'll go to Alexandria tomorrow, and you'll return to Cairo on Friday."

And when his boss felt that he was upset, he explained, "The English are making some noise over this man who died three days ago. If we don't send anybody, they'll say that we are indifferent, and they may say that we are the ones who killed him. We don't want any trouble, Qassem. They're afraid that the gangs who kidnap policemen are back, but everyone in Alexandria knows that it is Alexander's curse."

"You believe in these myths?"

"Myths? Do you know how many people died while looking for the tomb of Alexander the Macedonian?"

"No, I don't know."

"بِالطَّبِع، أَنْتَ لا تَعْرِف. لِهَذا تُسَمِّيها خُرافاتٌ."

❖ ❖ ❖

نَفَثَ قاسِمٌ آخِرَ نَفَسٍ مِنَ السِّيجارَةِ وَهُوَ يَضْحَكُ عَلى رَئِيسِهِ الَّذِي كانَ، مِثْلَ الشَّعْبِ، يُؤْمِنُ بِالْخُرافاتِ، وَرُبَّما كانَ يَجْلِبُ الْعَرّافَةَ كُلَّ يَوْمٍ لِتُخْبِرَهُ حَظَّهُ، لِدَرَجَةِ أَنَّهُمْ حَذَّروا هُوارْدْ كارْتَر، الَّذِي اِكْتَشَفَ مَقْبَرَةَ توت عَنْخ آمونَ مِنْ لَعْنَةِ الْفَراعِنَةِ.

كانَ الْقِطارُ يَدْخُلُ مَحَطَّةَ الإِسْكَنْدَرِيَّةِ حَيْثُ كانَ قاسِمٌ يُغْلِقُ الْجَرِيدَةَ بَعْدَ قِراءَةِ الصَّفْحَةِ الأَخِيرَةِ. أَخَذَ حَقِيبَتَهُ وَنَزَلَ لِيَجِدَ شُرْطِيًّا يَنْتَظِرُهُ بِجِوارِ الْعَرَبَةِ الَّتِي يَجُرُّها حِصانٌ والَّتِي كانَتْ سَتَأْخُذُهُ إِلى الْفُنْدُقِ.

بِمُجَرَّدِ خُروجِهِ مِنَ الْمَحَطَّةِ، اِحْتَضَنَتْهُ رائِحَةُ الْيودِ. وَعادَتْ إِلَيْهِ الذِّكْرَياتُ الَّتِي أَحَبَّها... والذِّكْرَياتِ الَّتِي كانَ يَهْرُبُ مِنْها. كانَتْ أَوَّلُ فَتاةٍ أَحَبَّها مِنَ الإِسْكَنْدَرِيَّةِ. كانَتْ يونانِيَّةً واسْمُها ماريا. وَعِنْدَما لَمْ يُوافِقْ والِدُهُ عَلى زَواجِهِ مِنْ أَجْنَبِيَّةٍ، لَمْ يَسْتَطِعِ الْعَوْدَةَ إِلى الإِسْكَنْدَرِيَّةِ مَرَّةً أُخْرى.

"Of course, you don't know. That's why you call them myths."

Qassem blew the last breath of the cigarette while laughing at his boss who, like the masses, believed in myths–and might even be bringing the fortune-teller every day to tell his fortune–so much so that they warn Howard Carter, who discovered Tutankhamun's tomb, about the curse of the pharaohs.

The train was entering Alexandria Station as Qassem was closing the newspaper after reading the last page. He took his bag and got off to find a policeman waiting for him next to the horse-drawn carriage that would take him to the hotel.

Once he exited the station, the smell of iodine embraced him. And memories returned to him which he loved... and memories which he was running away from. The first girl he loved was from Alexandria. She was Greek, and her name was Maria. And when his father did not agree with his marrying a foreigner, he wasn't able to go to Alexandria again.

ذكَّرَتْهُ كلُّ الشَّوارِعِ بها، وَذَكَّرَتْهُ بِنَفْسِهِ عِنْدَما كانَ مَعَها. لَقَدْ مَشِيا مَعًا في كُلِّ مِتْرٍ تَقْرِيبًا مِنَ الإِسْكَنْدَرِيَّةِ. لَكِنْ خَمْسُ سَنَواتٍ غَيَّرَتِ الْكَثيرَ في الشَّوارِعِ.

❖ ❖ ❖

قَطَعَ صَوْتُ الْحِصانِ وَهَزَّةُ الْعَرَبَةِ عِنْدَما تَوَقَّفَتْ أَمامَ الْفُنْدُقِ أَفْكارَ قاسِمٍ. نَزَلَ وَوَجَدَ فُنْدُقًا مِنْ طابِقَيْنِ. كانَ لَوْنُهُ أَبْيَضَ شاحِبٌ. تَجْعَلُ أَشِعَّةُ الشَّمْسِ والْمِلْحُ المَبانِيَ تَبْدو مُتَداعِيَةً.

وَسَطَ تَرْحيبٍ حارٍّ مِنْ مُديرِ الْفُنْدُقِ، أَخَذَ قاسِمُ مِفْتاحَ غُرْفَتِهِ وَتَبِعَ الْحَمّالَ. عَلى الرَّغْمِ مِنْ أَنَّها كانَتْ مُجَرَّدَ حَقيبَةٍ واحِدَةٍ، وَلَمْ تَكُنْ ثَقيلَةً، إِلّا أَنَّهُ كانَ يَطْمَعُ في الْحُصولِ عَلى الْبَقْشيشِ مِنَ الضّابِطِ.

"هَلْ كُنْتَ تَعْمَلُ هُنا لِفَتْرَةٍ طَويلَةٍ؟ سَأَلَ قاسِمُ الْحَمّالَ."

"نَعَمْ سَيِّدي. أَنا أَعْمَلُ هُنا مُنْذُ خَمْسِ سَنَواتٍ."

"إِذَنْ، كَيْفَ ماتَ الإِنْجليزِيُّ؟"

All the streets reminded him of her, and they reminded him of himself when he was with her. They had walked together nearly every meter of Alexandria. But five years had changed a lot of the streets.

The sound of the horse and the jolt of the wagon when it stopped in front of the hotel interrupted Qassem's thoughts. He got off and found a two-story hotel. Its color was pale white. Sunlight and salt make buildings look decrepit.

Amid a fervent welcome from the hotel manager, Qassem took his room key and followed the porter. Although it was just one bag–and was not heavy–he was still greedy for the tip he would get from the officer.

"Have you been working here for a long time?" Qassem asked the porter.

"Yes, sir. I've been working here for five years."

"So, how did the Englishman die?"

"لَعْنَةُ الإِسْكَنْدَرِ، سَيِّدي. كانَ عالِمَ آثارٍ وَيَخْرُجُ كُلَّ يَوْمٍ في الصَّباحِ وَيَعودُ بَعْدَ غُروبِ الشَّمْسِ."

"أَيْنَ يَذْهَبُ؟"

"لا أَحَدَ يَعْرِفُ يا سَيِّدي. رَآهُ بَعْضُ النّاسِ في الْقَلْعَةِ في بَحْري. وَرَآهُ الْبَعْضُ في المَكانِ الْقَديمِ الَّذي كانَ بِجِوارِ مَكْتَبَةِ الإِسْكَنْدَرِيَّةِ. وَقَدْ رَآهُ الْبَعْضُ الآخَرُ في عَمودِ السَّواري. وَرَآهُ البَعْضُ قُرْبَ المَسْجِدِ الْكَبيرِ."

"وَفي الْيَوْمِ الأَخيرِ؟"

"في الْيَوْمِ الأَخيرِ، سَيِّدي، لَمْ يَرَهُ أَحَدٌ. آخِرُ مَرَّةٍ رَآهُ مُوَظَّفُ الاِسْتِقْبالِ كانَ يَخْرُجُ مِنْ مَدْخَلِ الْفُنْدُقِ، وَلَمْ يَرَهُ أَحَدٌ طِوالَ الْيَوْمِ في أَيِّ مَكانٍ في الإِسْكَنْدَرِيَّةِ. وَعِنْدَما لَمْ يَعُدْ إِلى المَنْزِلِ، ذَهَبْنا في صَباحِ الْيَوْمِ التّالي لِلْبَحْثِ عَنْهُ. وَجَدْناهُ مَيِّتًا في عَمودِ السَّواري، وَكانَتْ جَميعُ مَلابِسِهِ مُبَلَّلَةً بِالْماءِ. قالَ النّاسُ إِنَّهُ رُبَّما غَرِقَ، لَكِنْ إِذا كانَ قَدْ غَرِقَ، فَسَنَجِدُهُ عَلى الشّاطِئِ في مَكانٍ ما عَلى طولِ الْكورْنيشِ. إِذا كانَ الأَمْرُ كَذَلِكَ، فَكَيْفَ عَبَرَ كُلَّ تِلْكَ المَسافَةِ بَعْدَ أَنْ غَرِقَ في عَمودِ السَّواري؟ بِالتَّأْكيدِ، كانَ الإِسْكَنْدَرُ هُوَ الَّذي جَرَّهُ في الماءِ

"Alexander's curse, sir. He was an archaeologist and would go out every day in the morning and come back after sunset."

"Where would he go?"

"No one knows, sir. Some people saw him at the citadel in Bahary. And some people saw him at the old place that was by the Library of Alexandria. Some people saw him at Pompey's Pillar. And some people saw him at the Grand Mosque."

"And on the last day?"

"On the last day, sir, no one saw him. The last time the receptionist saw him was him exiting from the hotel entrance, and no one saw him all day anywhere in Alexandria. And when he hadn't returned home, we went out the next morning to search for him. We found him dead at Pompey's Pillar, and all his clothes were drenched with water. People said perhaps he had drowned, but if he had drowned, we would have found him on the shore somewhere along the corniche. If so, how did he cross all that distance after drowning to Pompey's Pillar? Surely, Alexander was the one who dragged him in the water..."

حَتَّى غَرِقَ، ثُمَّ أَلْقَى بِهِ داخِلَ الإِسْكَنْدَرِيَّة، ثُمَّ سَقَطَ بِجِوارِ عَمودُ السَّواري لِيَكونَ بِمَثابَةِ دَرْسٍ لِكُلِّ مَنْ يُحاوِلُ الْعُثورَ عَلى قَبْرِ الإِسْكَنْدَرِ مَرَّةً أُخْرى.»

جَلَسَ قاسِمٌ أَمامَ نافِذَةِ غُرْفَتِهِ وَهُوَ يَنْفُخُ دُخانَ سيجارَتِهِ فِي اتِّجاهِ الْبَحْرِ. كانَ الْحَمّالُ يَتَحَدَّثُ مِثْلَ رَئيسِهِ فِي الْعَمَلِ، لَمْ يَكُنْ هُناكَ فَرْقٌ. قَرَّرَ أَلّا يَهْتَمَّ وَأَنْ يَتَقَبَّلَ فِكْرَةَ هَذِهِ اللَّعْنَةَ، وَيَقْضِيَ اللَّيْلَ، وَيَعودَ فِي الْيَوْمِ التّالي، وَهَكَذا تَنْتَهِي الْحِكايَةُ. لَكِنَّهُ شَعَرَ أَنَّ هُناكَ شَيْئًا ما، وَأَنَّ ضَميرَهُ لَنْ يَغْفِرَ لَهُ إِهْمالَهُ لِوَظيفَتِهِ، وَلَنْ يَغْفِرَ لَهُ عَقْلُهُ إِذا سَمَحَ لِلْجَهْلِ والْأَساطيرِ بِاتِّخاذِ قَرارِهِ نِيابَةً عَنْهُ.

أَطْفَأَ السّيجارَةَ، وَغادَرَ الْغُرْفَةَ وَنَزَلَ إِلى الطّابِقِ السُّفْلِيِّ، وَطَلَبَ مِنَ الْمُديرِ أَنْ يُرَتِّبَ لَهُ عَرَبَةً لِنَقْلِهِ إِلى عَمودِ السَّواري.

❖ ❖ ❖

بِمُجَرَّدِ أَنْ وَقَفَ بِجانِبِ الْعَمودِ، وَضَعَ يَدَهُ عَلى شَفَتَيْهِ... مَكانَ قُبْلَتِهِ الْأُولى مَعَ ماريا. كانَ قَلْبُهُ يَنْبُضُ بِقُوَّةٍ وَكانَ يَرْكُضُ فِي صَدْرِهِ. كانَتْ دَقّاتُ قَلْبِهِ تَتَسابَقُ مَعَ بَعْضِها الْبَعْضِ.

until he drowned, then threw him [his body] inside Alexandria, and then he fell next to Pompey's Pillar to act as a lesson to everyone who attempts to find Alexander's tomb again."

Qassem sat down in front of the window of his room as he blew the smoke of his cigarette toward the sea. The porter was talking like his boss at work–there was no difference. He thought not to care and accept this idea of this curse, spend the night, and go back the next day–and so the tale would end. But he felt that there was something off, and his conscience wouldn't forgive him for being neglectful of his job, and his mind wouldn't forgive him if he let ignorance and myths make his decision for him.

He put out the cigarette, left the room, went downstairs, and asked for the manager to arrange for him a carriage to take him to Pompey's Pillar.

As soon as he stood next to the pillar, he put his hand on his lips... the place of his first kiss with Maria. His heart was beating hard and was running in his chest. His heartbeats were racing each other.

بَعْدَ أَنْ فَتَّشَ الْمَكَانَ، لَمْ يَكُنْ هُنَاكَ شَيْءٌ غَرِيبٌ، وَكَأَنَّهُ لَمْ يَكُنْ هُنَاكَ مَيِّتٌ فِي الْمَكَانِ قَبْلَ أَيَّامٍ.

ثُمَّ طَلَبَ مِنْ مَأْمُورِ قِسْمِ الشُّرْطَةِ جَمْعَ كُلِّ الصَّيَّادِينَ لِلتَّحَدُّثِ مَعَهُمْ.

قَالَ الْمَأْمُورُ: "بِالْإِسْكَنْدَرِيَّةِ أَكْثَرُ مِنْ خَمْسِينَ صَيَّادًا، هَلْ سَتَتَحَدَّثُ مَعَهُمْ جَمِيعًا؟"

"نَعَمْ، سَأَتَحَدَّثُ مَعَهُمْ جَمِيعًا. أَنَا حُرٌّ."

فِي غُضُونِ سَاعَةٍ، جَمَعُوا لَهُ 53 صَيَّادًا.

سَأَلَهُمْ: "مَنْ كَانَ فِي الْبَحْرِ يَوْمَ الْحَادِثِ؟"

لَمْ يُجِبْهُ أَحَدٌ بِاسْتِثْنَاءِ رَجُلٍ عَجُوزٍ تَجَاوَزَ السِّتِّينَ مِنْ عُمُرِهِ، وَلَمْ تَبْقَ فِي لِحْيَتِهِ شَعْرَةٌ وَاحِدَةٌ سَوْدَاءُ "لَمْ يَكُنْ هُنَاكَ أَحَدٌ فِي الْبَحْرِ بِالْأَمْسِ، سَيِّدِي. كَانَتْ هُنَاكَ أَمْطَارٌ غَزِيرَةٌ، وَشَعُرْنَا جَمِيعًا بِالْخَوْفِ."

"إِذَنْ، لَمْ يَرَ أَحَدٌ الْإِنْجِلِيزِيَّ يَوْمَ وَفَاتِهِ؟"

"لَا يَا سَيِّدِي، لَعْنَةُ الْإِسْكَنْدَرِ لَا يُمْكِنُ أَنْ يَرَاهَا أَحَدٌ."

After he searched the place, there was nothing strange, as if there had been no dead person in the place a few days ago.

Then he asked the police department's warden to gather all the fishermen so he could talk to them.

The warden said, "Alexandria has more than 50 fishermen. Are you going to talk to all of them?"

"Yes, I will talk to all of them. I am free."

Within an hour, they had gathered 53 fishermen for him.

He asked them, "Who was at sea on the day of the incident?"

No one answered him except for an old man over 60 years old, and not a single black hair was remaining in his beard. "No one was at sea yesterday, sir. There was a lot of rain, and we all got scared."

"So, no one saw the Englishman on the day he died?"

"No, sir. Alexander's curse cannot be seen by anyone."

مَرَّةً أُخْرَى، وَجَدَ قَاسِمٌ نَفْسَهُ فِي مُوَاجَهَةِ لَعْنَةِ الْإِسْكَنْدَرِ.

❖ ❖ ❖

كَانَ مِنَ الْغَرِيبِ أَنْ يُصَدِّقَ النَّاسُ شَيْئًا ما كَثِيرًا هَكَذا، عَلَى الرَّغْمِ مِنْ عَدَمِ رُؤْيَتِهِ. كُلُّ الْقِصَصِ تَرْوِي نَفْسَ التَّفَاصِيلِ. شَخْصٌ ما يَبْحَثُ عَنْ قَبْرِ الْإِسْكَنْدَرِ الْأَكْبَرِ، وَبَعْدَ بِضْعَةِ أَشْهُرٍ، سَيَجِدُونَهُ مَيِّتًا فِي مَكَانٍ غَرِيبٍ.

بَدَأَتِ الْقِصَّةُ بِرَجُلٍ مِصْرِيٍّ مُنْذُ 100 عَامٍ. كَانَ رَجُلًا ثَرِيًّا، وَقَرَّرَ أَنْ يُنْفِقَ أَمْوَالَهُ فِي الْبَحْثِ عَنْ قَبْرِ الْإِسْكَنْدَرِ الْأَكْبَرِ. وَمَعَ ذَلِكَ، بَعْدَ شَهْرٍ مِنَ الْبَحْثِ، وَجَدُوهُ مَيِّتًا فِي الْقَلْعَةِ. بَعْدَهُ جَاءَ مِصْرِيٌّ ثَانٍ وَبَعْدَهُ مِصْرِيٌّ ثَالِثٌ حَتَّى اقْتَنَعَ الْمِصْرِيُّونَ بِلَعْنَةِ الْإِسْكَنْدَرِ وَقَرَّرُوا عَدَمَ ذَهَابِ أَيِّ مِصْرِيٍّ لِلْبَحْثِ عَنْ قَبْرِ الْإِسْكَنْدَرِ.

لَكِنَّ الْإِغْرِيقَ وَالْإِيطَالِيِّينَ الَّذِينَ كَانُوا يَعِيشُونَ فِي الْإِسْكَنْدَرِيَّةِ لَمْ يُصَدِّقُوا هَذِهِ الْأُسْطُورَةَ وَقَرَّرُوا أَنْ يَذْهَبُوا لِلْبَحْثِ عَنْ قَبْرِ الْإِسْكَنْدَرِ لِدَرَجَةِ أَنَّهُ كَانَتْ هُنَاكَ وَظِيفَةٌ تُسَمَّى 'بَاحِثٌ عَنْ مَقْبَرَةِ الْإِسْكَنْدَرِ'. جَاءَ الْعَدِيدُ مِنْ

Once again, Qassem found himself facing Alexander's curse.

It was a strange thing that people believe something so much, even though no one had seen it. All the stories told the same details. A person would be searching for the tomb of Alexander the Great, and after some months, they would find him dead in a strange place.

The story began with an Egyptian man 100 years ago. He was a rich man, and he decided that he would spend his money searching for the tomb of Alexander the Great. However, after one month of searching, they found him dead at the castle. After him, a second Egyptian came, and after him a third Egyptian, until the Egyptians were convinced of Alexander's curse and decided that no Egyptian should go and search for Alexander's tomb.

But the Greeks and Italians who were living in Alexandria did not believe this legend and decided that they were going to search for the tomb of Alexander to the point that there was a job called "Seeker of Alexander's Tomb." Many young people came from

الشَّباب مِنْ أوروبا لِلْمُشارَكَةِ في فِرَقِ الْبَحْثِ هَذِهِ. وَلَكِنْ مَعَ وَفاةِ قائِدِ الْفَريقِ، أُصيبَ بَقيَّةُ الْفَريقِ بِالْخَوْفِ الشَّديدِ وَحَجَزوا تَذْكِرَةً على مَتْنِ أَوَّلِ قارِبٍ يَعودُ إِلى أوروبا.

تَوَقَّفَتِ الْوَظيفَةُ كَباحِثٍ عَنْ قَبْرِ الإِسْكَنْدَرِ، وَأَصْبَحَ الْبَحْثُ نَشاطًا فَرْدِيًّا لِلْأَشْخاصِ ذَوي الْقُلوبِ الشُّجاعَةِ أَوِ الَّذينَ تَبَقَّتْ لَهُمْ بِضْعَ سَنَواتٍ لِلْعَيْشِ.

لَمْ يَكُنْ أَمامَ قاسِمُ خَيارٌ سِوى الذَّهابُ إِلى 'الْجانِبِ الآخَرِ مِنَ الْبَحْرِ'، الْجانِبُ الأَجْنَبِيُّ، أَوْ كَما كانَ يُحِبُّ تَسْمِيَتَهُ 'جانِبُ ماريا'. المِنْطَقَةُ الَّتي يَعيشُ فيها أُناسٌ مِنَ الْيونانِ وَإيطالْيا وَإِنْجِلْتِرا. المِنْطَقَةُ الَّتي لا يَسْأَلُ فيها أَحَدُ الآخَرينَ عَنْ دينِهِمْ. إِسْكَنْدَرِيَّةٌ، مِثْلَ أَثينا وَروما، كانَ لِشَوارِعِها بَصْمَةٌ رومانِيَّةٌ. وَكانَتْ ماريا مِثْلَ فينوسْ، آلِهَةُ الْجَمالِ الَّتي تَأْسِرُ قُلوبَ كُلَّ مَنْ تَسْقُطُ عَيْنُهُ عَلَيْها.

❖ ❖ ❖

بِمُجَرَّدِ دُخولِ الْحِصانِ إِلى الْحَيِّ الأَجْنَبِيِّ، كانَتْ عُيونُ قاسِمٍ تَبْحَثُ في كُلِّ زاوِيَةٍ عَنْ حَبيبَتِهِ. كانَ يَنْتَظِرُ أَنْ يَلْمَحَ خَيالَها عَلى واجِهَةِ أَيِّ مَتْجَرٍ.

Europe to participate in these search teams. But with the death of the team leader, the rest of the team would get too scared and book a ticket on the first boat back to Europe.

The job as seeker of Alexander's tomb ceased, and searching became an individual activity for people with a brave heart or who had few years left to live.

Qassem had no choice but to go to the 'other side of the sea,' the foreign side, or as he used to call it, "the Maria side." The area [of town] where people from Greece, Italy, and England lived. The area where no one asked others what religion they were. The streets of Alexandria, like Athens and like Rome, had a Roman imprint on them. And Maria was like Venus, a goddess of beauty that would capture the hearts of all those whose eyes would fall on her.

Once the horse entered the foreign district, Qassem's eyes were searching every corner for his beloved. He was waiting to catch a glimpse of her apparition in the window of any store.

تَجَمَّعَ أَصْحابُ المَحَلّاتِ حَوْلَه، وَرَوَوْا جَميعًا نَفْسَ الْقِصَّةِ:
"في يَوْمِ الْحادِثَةِ لَمْ يَرَ أَحَدٌ الإِنْجِليزِيَّ."

سَأَلَهُمْ قاسِمُ: "هَلْ سَمِعْتُمْ عَنْ لَعْنَةِ الإِسْكَنْدَرِ؟"

خافَ بَعْضُهُمْ، وَضَحِكَ الْبَعْضُ، وَقالَ الْبَعْضُ إِنَّ هَذِهِ قِصَّةٌ إِخْتَرَعَتْها عِصاباتٌ كانَتْ تَخْطِفُ وَتَقْتُلُ الإِنْجِليزَ مِنْ أَجْلِ تَخْويفِ الْجَيْشِ الإِنْجِليزِيِّ، وَأَنَّهُ بِالتَّأْكيدِ شَخْصٌ ما مِنْ هَذِهِ الْعِصاباتِ فَعَلَها. لَكِنَّ رَجُلًا إيطالِيًّا أَجابَهُ وَأَخْبَرَهُ أَنَّ هَذا كانَ يَحْدُثُ مُنْذُ 50 عامًا، وَكَذَلِكَ لَمْ يَكُنِ الإِنْجِليزُ الوَحيدونَ الَّذينَ اخْتَفَوْا.

أُغْلِقَتْ كُلُّ الطُّرُقِ في وَجْهِ قاسِمٍ. وَكانَتْ جَميعُ المُحادَثاتِ تَدورُ حَوْلَ نَفْسِ النُّقْطَةِ، حَتّى لَوْ كانَتِ التَّفْسيراتُ مُخْتَلِفَةً، بَيْنَ الأَساطيرِ والْإِمْكانِيّاتِ، لَكِنْ لَمْ يَعْرِفْ أَحَدٌ شَيْئًا، وَلَمْ يَرَ أَحَدٌ ما حَدَثَ.

❖ ❖ ❖

عادَ قاسِمُ إِلى الْفُنْدُقِ مُمْتَلِئًا بِالْيَأْسِ وَلَدَيْهِ شُعورٌ بِأَنَّهُ يَتَّجِهُ نَحْوَ طَريقٍ مَسْدودٍ. ثُمَّ اسْتَفاقَ عِنْدَما اتَّصَلَ بِهِ مَوَظَّفُ الاسْتِقْبالِ لِلْمَرَّةِ الثّالِثَةِ لِيُخْبِرَهُ أَنَّ لَدَيْهِ رِسالَةً.

The owners of the shops gathered around him, and they all told the same story: "On the day of the incident, no one saw the Englishman."

Qassem asked them, "Have you heard of Alexander's curse?"

Some of them were afraid, some laughed, and some said that this was a story invented by gangs who were kidnapping and killing the English in order to frighten the English army and that it was for sure someone who belonged to these gangs who did it. But an Italian man answered him and told him that this had been going on for 50 years and, also, the English were not the only ones who were disappearing.

All paths had shut in Qassem's face. And all of the conversations were going back and forth from the same point—even if the interpretations were different—between myths and possibilities, but no one knew anything, and no one had seen what had happened.

Qassem went back to the hotel, full of despair and feeling that he was heading toward a dead end. He then lit up when the receptionist called him for the third time to tell him that he had a letter.

فَتَحَ الرِّسَالَةَ وَلَمْ يَجِدْ عَلَيْها اسْمًا، كُلُّ ما كُتِبَ كانَ 'اِسْتَمِرَّ في الْبَحْثِ عَنِ الْبَحْرِ.'

"مَنْ تَرَكَ هَذِهِ الرِّسَالَةَ؟"

"اِمْرَأَةٌ بَدَتْ غَرِيبَةً وَكانَتْ تَقُولُ أَشْياءَ غَرِيبَةً."

أَدْرَكَ قاسِمُ أَنَّ الْعَرّافَةَ كانَتْ في الْإِسْكَنْدَرِيَّةِ، لَكِنَّهُ لَمْ يَعْرِفْ ما الَّذي كانَ سَيَأْتي بِها إِلى هُنا وَلِماذا تَرَكَتْ لَهُ هَذِهِ الرِّسالَةَ.

سَأَلَهُ مُوَظَّفُ الْاِسْتِقْبالِ: "مَتى تُرِيدُ مِنّا أَنْ نُجَهِّزَ لَكَ عَرَبَةً غَدًا لِنَأْخُذَكَ إِلى الْمَحَطَّةِ؟"

فَكَّرَ قاسِمُ لِدَقيقَةٍ ثُمَّ أَجابَ: "لا، لَنْ أُسافِرَ غَدًا، وَرَجاءً غَيِّرْ لي هَذِهِ التَّذْكِرَةَ إِلى بَعْدِ غَدٍ صَباحًا."

❖ ❖ ❖

كانَتْ لَيْلَةُ قاسِمٍ مَليئَةً بِالْقَلَقِ وَالْأَحْلامِ الْغَريبَةِ. كُلُّ التَّفاصيلِ الَّتي كانَ يَسْمَعُها طَوالَ الْيَوْمِ كانَتْ تَتَشاجَرُ في رَأْسِهِ حَتّى حَلَّ ضَوْءُ النَّهارِ.

شَرِبَ قَهْوَتَهُ مَعَ سيجارَةِ الصَّباحِ وَانْتَقَلَ مَرَّةً أُخْرى نَحْوَ بَحْري، إِلّا أَنَّهُ لَمْ يُخْبِرْ أَحَدًا هَذِهِ الْمَرَّةَ.

He opened the message and found that it had no name—all that was written was "Keep going after the sea."

"Who left this letter?"

"A woman who looked strange and was saying strange things."

Qassem realized that the fortune-teller was in Alexandria, but he didn't know what would have brought her here and why she had left him this message.

The receptionist asked him, "When would you like us to prepare a wagon for you tomorrow to take you to the station?"

Qassem thought for a minute and then replied, "No, I will not travel tomorrow, and please change the time of this ticket to the day after tomorrow—in the morning."

Qassem's night was filled with anxiety and strange dreams. All of the details he had been hearing all day were quarreling in his head until there was daylight.

He drank his coffee with the morning cigarette and moved again toward Bahary, except this time he didn't tell anyone.

كانَ الْبَحْرُ هادِئًا، مِمّا شَجَّعَ الصَّيّادينَ عَلى أَخْذِ قَوارِبِهِمْ والذَّهابِ إِلى الْبَحْرِ. مِنْ بَيْنِ الرِّجالِ، اِكْتَشَفَ صَيّادًا وابْنَهُ لَمْ يَرَهُما في الْيَوْمِ السّابِقِ. اِقْتَرَبَ مِنْهُما وَحَيّاهُما.

"لِماذا لَمْ أَراكُما بِالْأَمْسِ؟"

فَقالَ والِدُ الصَّبِيِّ: "عُذْرًا سَيِّدي، الصَّبِيُّ كانَ مُحْتَجَزًا في الْمُسْتَشْفى."

"الشِّفاءُ الْعاجِلُ. ما الأَمْرُ؟"

"حَسَنًا يا سَيِّدي..." قَبْلَ أَنْ يُواصِلَ الرَّجُلُ الْكَلامَ، قاطَعَهُ قاسِمٌ.

"بُنَيَّ، أَلا يُمْكِنُكَ التَّحَدُّثُ؟"

أَجابَهُ الصَّبِيُّ بِصَوْتٍ خافِتٍ أَجَشٍّ.

فَقالَ والِدُ الصَّبِيِّ لِقاسِمٍ: "آسِفٌ يا سَيِّدي لَكِنَّ صَوْتَهُ ذَهَبَ بِسَبَبِ الْمَرَضِ."

"ماهِيَ مُشْكِلَتُهُ؟"

"يَبْدو أَنَّهُ أُصيبَ بِنَزْلَةِ بَرْدٍ شَديدَةٍ وَلَمْ يَتَمَكَّنْ مِنَ التَّنَفُّسِ."

The sea was calm, and this encouraged the fishermen to take their boats and go to sea. Among the men, he spotted a fisherman and his son whom he hadn't seen the day before. He approached them and greeted them.

"Why didn't I see you yesterday?"

The boy's father replied, "Sorry, sir, the boy was being held in the hospital."

"Get well soon. What's wrong?"

"Well, sir..." Before the man continued speaking, Qassem cut him off.

"Son, can't you speak [for yourself]?"

The boy answered him in a faint, hoarse voice.

The father of the boy said to Qassem, "Sorry, sir, but his voice is gone because of the illness.

"What was his problem?"

"It seems he got a severe cold and hasn't been able to breathe."

"أَتَمَنّى لَكَ الشِّفاءَ الْعاجِلَ. وَمَتى رَأَيْتُما الإِنْجليزِيَّ؟"

"لَمْ يَرَهُ أَحَدٌ يا سَيِّدي. لا أَحَدَ يَرى..."

"لَعْنَةُ الإِسْكَنْدَرِ، نَعَمْ، أَنا أَعْرِفُ. لَكِنَّني اِعْتَقَدْتُ أَنَّكُما رُبَّما تَكونانِ أَكْثَرَ ذَكاءً."

عادَ قاسِمٌ وَجَلَسَ في المَقْهى الَّذي كانَ أَمامَ مَرْسى الْقَوارِبِ مُباشَرَةً، وَانْتَظَرَ عَوْدَةَ الْقَوارِبِ.

وَخِلالَ ذَلِكَ الْوَقْتِ، كانَ يَسْأَلُ كُلَّ مَنْ يَراهُ عَنْ موسى، إِبْنُ الصَّيّادِ، المَريضِ. لَكِنَّ كُلَّ الْقِصَصِ قالَتْ أَنَّهُ كانَ وَلَدًا هادِئًا، وَأَنَّ الْجَميعَ يُحِبُّهُ، لَكِنَّهُ يُحِبُّ فَتاةً لا يَعْرِفُها أَحَدٌ. حاوَلَ كَثيرٌ مِنَ النّاسِ مَعْرِفَةَ أَمْرِ الْفَتاةِ الَّتي يُحِبُّها موسى، لَكِنَّهُ طَمَسَ السِّرَّ في قَلْبِهِ وَأَلْقى مِفْتاحَهُ في الْبَحْرِ.

كانَتْ عَلاقَتَهُ بِالرَّجُلِ الإِنْجِليزِيِّ جَيِّدَةٌ جِدًّا، وَلَمْ يَرَهُما أَحَدٌ يَتَجادَلانِ. كانَتْ عَلاقَةُ موسى بِالْإِسْكَنْدَرِيَّةِ جَيِّدَةٌ، حَتّى مَعَ الْعَرّافَةِ.

سَأَلَ قاسِمُ النّادِلَ: "كَيْفَ أَصِلُ إِلى مَنْزِلِهِ؟"

وَصَفَ لَهُ الطَّريقَ والْبَيْتَ وَأَخَذَ مالَهُ.

"I wish you a fast recovery. And when did you see the Englishman?"

"No one saw him, sir. No one sees..."

"Alexander's curse, yes, I'm aware. But I thought perhaps you were more intelligent."

Qassem went back and sat in the coffee shop that was right in front of the boat docks, and he waited until the boats returned.

And during that time, he would ask everyone he would see about Musa, the fisherman's son, who was sick. But all the stories said that he was a composed boy, and everyone loved him, but he loved a girl no one knew. Many people tried to find out about the girl Musa loved, but he had suppressed the secret in his heart and had thrown its key into the sea.

His relationship with the Englishman was very good, and no one ever saw them arguing. Musa's relationship with Alexandria was a good one, even with the fortune-teller.

Qassem asked the barista, "How do I get to his house?"

He described to him the way and the house and took his money.

كانَ قاسِمُ يُفَكِّرُ فيما قالَهُ النّاسُ عَنْ موسى. وَكانَ يُفكِّرُ في الصَّبِيِّ الَّذي اِخْتَفى صَوْتُهُ وَلَكِنَّ عَيْنَهُ تَقولُ الْكَثيرَ.

❖ ❖ ❖

وَصَلَ إلى المَنْزِلِ، وَقَبْلَ أَنْ يَطْرُقَ الْبابَ وَجَدَهُ مَفْتوحًا وَخَرَجَتِ الْعَرّافَةُ وَوالِدُ موسى مِنْ وَرائِها.

"مَرْحَبًا سَيِّدي. تَفَضَّلْ بِالدُّخولِ."

لَنْ آخُذَ الْكَثيرَ مِنْ وَقْتِكُمْ، لَكِنَّني أُريدُ إِجْراءَ مُحادَثَةٍ قَصيرَةٍ مَعَ موسى."

الْعَرّافَةُ الَّتي لَمْ تُظْهِرْ سِوى عَيْنَيْها: "بَناتُ الإِسْكَنْدَرِيَّةِ، يا سَيِّدي إِحْذَرْهُنَّ!"

"ما الَّذي تَفْعَلينَهُ هُنا؟"

"أَنا هُنا، وَهُناكَ، وَعِنْدَ الْعَمودِ."

دَخَلَ المَنْزِلَ وَتَرَكَها عِنْدَ الْبابِ وَجَلَسَ مُقابِلَ موسى.

"أَيْنَ كُنْتَ يَوْمَ قُتِلَ الإِنْجِليزِيُّ؟"

كانَ صَوْتُهُ خافِتًا وَبَعيدًا وَمُرْهَقًا وَهُوَ يَقولُ: "كُنْتُ في المَنْزِلِ يا سَيِّدي كَبَقِيَّةِ الصَّيّادينَ."

Qassem was thinking about what people had said about Musa. And he was thinking about the boy whose voice was gone but whose eyes were saying a lot.

He arrived at the house, and before he knocked on the door, he found it opening and the fortune-teller coming out with Musa's father behind her.

"Welcome, sir. Please come in."

I won't take much of your time, but I want to have a brief chat with Musa."

The fortune-teller, who showed nothing of herself but her eyes, said, "The girls of Alexandria, sir—beware of them!"

"What are you doing here?"

"I am here, there, and at the Pillar."

He entered the house, leaving her at the door, and sat across from Musa.

"Where were you the day when the Englishman was killed?"

His voice was low, distant, and exhausted as he said, "I was at home, sir, like the rest of the fishermen."

"لِماذا ذَهَبْتَ إِلى المُسْتَشْفى؟"

"كما أُخْبَرَكَ والِدي، لَمْ أَسْتَطِعِ التَّنَفُّسَ. نَزْلَةُ بَرْدٍ شَديدَةٍ."

"أَمْ لِأَنَّكَ سَبَحْتَ في الْبَحْرِ عِنْدَما كانَ المَطَرُ في أَشَدِّ حالاتِهِ؟"

اِرْتَبَكَ موسى. "وَماذا، يا سَيِّدي، يَجْعَلُني أَخْرُجُ تَحْتَ هَذا المَطَرِ؟"

"هَذا ما أُريدُ أَنْ أَعْرِفَهُ."

قاطَعَتْ والِدَةُ موسى حَديثَهُما عِنْدَما دَخَلَتْ بِصينِيَّةِ شايٍ.

"أَلَمْ يَكُنْ بِإِمْكانِكِ أَنْ تَجْعَلي موسى يَعْتَني بِنَفْسِهِ وَلا تَتْرُكيهِ يَسْبَحُ في الماءِ عِنْدَما يَكونُ الْجَوُّ بارِدًا؟"

"الماءُ؟ أَلَمْ تُخْبِرْني لِلتَّوِّ أَنَّ ما بَلَلَّ مَلابِسَكَ هُوَ المَطَرُ في الْخارِجِ وَلَيْسَ الْبَحْرُ؟"

اِبْتَسَمَ قاسِمُ وَنَظَرَ إِلى موسى. عَلِمَ موسى في ذَلِكَ الْوَقْتِ أَنَّ خُطَّتَهُ قَدْ فَشِلَتْ.

بَعْدَ أَنْ غادَرَتْ والِدَةُ موسى، اِلْتَفَتَ قاسِمُ وَقالَ: "هَلْ خَرَجْتَ في ذَلِكَ الْيَوْمِ؟"

"Why did you go to the hospital?"

"As my father told you, I could not breathe. A severe cold."

"Or is it because you swam in the sea when the rain was at its strongest?"

Musa was confused. "And what, sir, would make me go out in that rain?"

"That's what I want to know."

Musa's mother interrupted their conversation as she entered with a tray of tea.

"Couldn't you let Musa look after himself and not let him swim in the water when it's this cold?"

"Water? Didn't you just tell me that what got your clothes wet was the rain outside and not the sea?"

Qassem smiled and looked over at Musa. Musa knew at that time that his plan had failed.

After Musa's mother left, Qassem turned and said, "So you went out on that day?"

أَجابَ موسى والدُّموعُ تَملَأُ عَينَيهِ: "لَمْ أَفْعَلْ شَيْئًا يا سَيِّدي."

"لا تَكْذِبْ عَلَيَّ، لِكَيْ أُحاوِلُ مُساعَدَتَكَ."

"أنا لا أَكْذِبُ يا سَيِّدي. مِنْ فَضْلِكَ، أَبي وَأُمّي لَيسَ لَدَيْهِما أَحَدٌ آخَرُ سِوايَ، وَبِدوني سَيَموتانِ مِنَ الْجوعِ. لَمْ أَفْعَلْ شَيْئًا أَكْثَرَ مِمّا فَعَلْتَ."

"ماذا فَعَلْتُ أنا؟"

"لَقَدْ أَحْبَبْتَ يا سَيِّدي. والْحُبُّ هُوَ ما أَوْصَلَني إِلى ما أَنا عَلَيْهِ الآنَ."

"يَجْعَلُكَ تَقْتُلُ؟"

"سَيِّدي، أُقْسِمُ لَكَ أَنَّني لَمْ أَقْتُلْ أَحَدًا."

"خَرَجْتَ في يَوْمِ الْحادِثَةِ بِالرَّغْمِ مِنْ سوءِ الأَحْوالِ الْجَوِّيَّةِ لِدَرَجَةِ أَنَّكَ أُصِبْتَ بِالْتِهابٍ في الرِّئَةِ مِنَ المياهِ والْمَطَرِ والرِّياحِ الْبارِدَةِ. لِماذا أَرَدْتَ قَتْلَهُ؟"

"سَيِّدي، لَمْ أَقْتُلْ أَحَدًا!"

"إِمّا أَنْ نَجِدَ الْقاتِلَ أَوْ نَعْتَبِرُكَ الْقاتِلَ. لَنْ أَكْتُبَ في مَحْضَرِ قَضِيَّةٍ تَخُصُّني أَنَّ سَبَبَ الْوَفاةِ هُوَ لَعْنَةُ الإِسْكَنْدَرِ!"

Musa replied as tears filled his eyes, "I didn't do anything, sir."

"Don't lie to me, so I can try to help you."

"I'm not lying, sir. Please, my father and mother have no one else other than me, and without me, they'll die of hunger. I did nothing more than what you did."

"What did I do?"

"You loved, sir. And love is what got me to where I am now."

"It got you to kill?"

"Sir, I swear to you, I didn't kill anyone."

"You went out on the day of the incident, in spite of the bad weather, to the point that you got a lung infection from the water, the rain, and the cold wind. Why did you want to kill him?"

"Sir, I didn't kill anyone!"

"Either we find the killer or we will consider you the killer. I will not write in the report of a case belonging to me that the cause of death is Alexander's curse!"

"الْعَرّافَةُ!"

"آهْ، صَحيحٌ! مِنْ أَيْنَ تَعْرِفُ الْعَرّافَةَ؟"

"إِنَّها قِصَّةٌ طَويلَةٌ يا سَيِّدي."

"الْعَرّافَةُ هِيَ الَّتي جَعَلَتْكَ تَقْتُلُ؟ ماذا؟ هَلْ سَحَرَتْكَ؟"

"الْعَرّافَةُ لَمْ تَجْعَلْني أَقْتُلُ. إِنَّها هِيَ مَنْ قَتَلَتْ."

فَجْأَةً تَوَقَّفَتْ كُلُّ فِكْرَةٍ في عَقْلِ قاسِمٍ. طِوالَ هَذا الْوَقْتِ، كانَ يَبْحَثُ عَنْ أَنَّ الْقاتِلَ رَجُلٌ، لَكِنَّهُ لَمْ يُفَكِّرْ أَبَدًا في إِمْكانيَّةِ كَوْنِهِ إِمْرَأَةٌ.

"حَتّى لَوْ كانَ هَذا صَحيحًا، فَسَيَتِمُّ اعْتِبارُكَ مُتَسَتِّرًا عَنْ هُوِيَّةِ الْقاتِلِ، وَهَذِهِ أَيْضًا جَريمَةٌ."

"لَقَدْ أَحْبَبْتَ مِنْ قَبْلُ يا سَيِّدي. قِصَّتُكَ أَنْتَ و مارِيا حَديثُ الإِسْكَنْدَرِيَّةِ. لِذا فَأَنْتَ تَفْهَمُ ما يُمْكِنُ أَنْ يَفْعَلَهُ عاشِقٌ، وَلَوْ كُنْتَ مَكاني لَفَعَلْتَ الشَّيْءَ نَفْسَهُ."

"هَلْ جُنِنْتَ؟ مُسْتَحيلٌ أَنْ أَفْعَلَ شَيْئًا مِثْلَكَ لِأَنَّني لَسْتُ مِثْلَكَ. أَنا رَجُلُ قانونٍ. سَكَتَ لِمُدَّةِ ثانِيَتَيْنِ ثُمَّ قالَ: "أَيْنَ أَجِدُ الْعَرّافَةَ الآنَ؟"

"The fortune-teller!"

"Ah, right! Where do you know the fortune-teller from?"

"It's a long story, sir."

"The fortune-teller was the one who made you kill? What? Did she hypnotize you?"

"The fortune-teller didn't make me kill. She's the one who killed."

Suddenly, every thought in Qassem's mind paused. All this time and he was looking to find that the killer was a man, but never did he consider the possibility of it being a woman.

"Even if this were true, you would be considered concealing the killer's identity, and this is also a crime."

"You loved before, sir. Your story and Maria's is the talk of Alexandria. So you understand what a lover could do, and if you were in my shoes, you would have done the same."

"Have you gone crazy? There's no way that I would do something like you–because I'm not like you. I'm a man of the law." He paused for two seconds and then said, "Where can I find the fortune-teller now?"

"لَقَدْ أَخْبَرْتُكَ عَنْ مَوْقِعِها."

"لَمْ تَقُلْ شَيْئًا. قالَتْ إِنَّها كانَتْ هُنا وَهُناكَ... وَفَهِمَ فَجْأَةً.
"عِنْدَ الْعَمودِ!"

شَدَّ موسى مِنْ ذِراعِهِ وَقالَ لَهُ: "سَتَأْتي مَعي."

اِصْطَحَبَهُ، رَكَضَ خارِجَ المَنْزِلِ، وَسُرْعانَ ما رَكِبَ الْعَرَبَةَ وَقالَ لِلسّائِقِ: "عَمودُ السَّواري!"

❖ ❖ ❖

كانَتْ دَقّاتُ قَلْبِهِ تَتَسابَقُ مَعَ صَوْتِ خُطواتِ حَوافِرِ الْحِصانِ عَلى الطَّريقِ. عِنْدَما وَصَلوا إِلى وُجْهَتِهِمْ، نَزَلَ راكِضًا وَجَذَبَ موسى مِنْ يَدِهِ. وَما أَنْ دَخَلَ وَنَظَرَ حَوْلَهُ، وَجَدَ الْعَرّافَةَ واقِفَةً بِجانِبِ الْعَمودِ. رَفَعَ مُسَدَّسَهُ وَصَرَخَ: "مَكانَكِ! لا تَتَحَرَّكي!"

بَقِيَتْ واقِفَةً حَيْثُ كانَتْ. كانَ قاسِمُ يَقْتَرِبُ مِنْها بِبُطْءٍ وَحَذَرٍ حَتّى وَصَلَ إِلَيْها. اِسْتَدارَتْ وَنَظَرَتْ في عَيْنَيْهِ. "هَلْ تَتَذَكَّرُ أَوَّلَ مَرَّةٍ قَبَّلْتَ ماريا هُنا يا قاسِمُ؟"

تَفاجَأَ قاسِمُ وَسَأَلَها: "كَيْفَ عَرَفْتِ؟"

"She told you about her location."

"She didn't say anything. She said that she was here and there…" And suddenly he understood. "At the Pillar!"

He pulled Musa by his arm as he told him, "You're coming with me."

He took him, running outside the house, and quickly got in a carriage and told the driver, "Pompey's Pillar!"

His heartbeat was racing against the sound of the horse's hoof steps on the road. When they reached their destination, he got off running, pulling Musa along by his hand. Once he entered [the square] and looked around him, he found the fortune-teller standing next to the Pillar. He raised his revolver and shouted, "Freeze! Don't move!"

She stayed standing where she was. Qassem was slowly and cautiously approaching her until he reached her. She turned and looked him in the eyes. "Do you remember the first time you kissed Maria here, Qassem?"

Qassem was surprised and asked her, "How did you know?"

قالَتْ لَهُ وَهِيَ تَكْشِفُ عَنْ وَجْهِها: "أنا أَعْرِفُ كُلَّ شَيْءٍ عَنْكَ. لِماذا لَمْ تَأْخُذْ حِذْرَكَ مِنْ فَتَياتِ الإِسْكَنْدَرِيَّةِ يا قاسِمُ؟"

"مارِيا؟ أَنْتِ؟! كَيْفَ كُنْتِ قادِرَةً عَلى الْقَتْلِ؟"

"كانَ هَذا هُوَ السَّبيلُ الْوَحيدُ حَتّى تَعودَ إِلى الإِسْكَنْدَرِيَّةِ يا قاسِمُ. خَمْسُ سَنَواتٍ وَأَنْتَ بَعيدٌ عَنِ الْبَحْرِ. بَعيدٌ عَنّي."

"لِهَذا رَأَيْتُ الْعَرّافَةَ في نَفْسِ يَوْمِ وَفاةِ الرَّجُلِ الإِنْجليزِيِّ، وَأَخْبَرَتْني عَنِ الإِسْكَنْدَرِيَّةِ."

"أَرَدْتُ أَنْ أَتَأَكَّدَ مِنْ أَنَّكَ سَتَأْتي."

"لِماذا كُلُّ هَذا؟"

"بَعْدَ أَنْ تَرَكْتَني، أَصْبَحَتِ الْحَياةُ صَعْبَةً لِلْغايَةِ. غادَرْتُ وَسافَرْتُ وَاخْتَفَيْتُ حَتّى نَسِيَ النّاسُ أَنَّ هُناكَ فَتاةٌ تُدْعى مارِيا. وَبَعْدَ شُهورٍ وَجَدْتُ قَلْبي يَتوقُ مَرَّةً أُخْرى لِلْإِسْكَنْدَرِيَّةِ. لِذَلِكَ عُدْتُ وَأَصْبَحَتِ الْعَرّافَةَ، وَلا أَحَدَ يَعْرِفُ قِصَّتي إِلّا موسى الَّذي أَحَبَّني وَلَمْ يَنْتَظِرْ في الْمُقابِلِ شَيْئًا، وَبَعْدَ أَنْ قَتَلْتُ الإِنْجليزِيَّ لَمْ أَعْرِفْ ماذا أَفْعَلُ، وَمَكَثَ موسى مَعي طِوالَ اللَّيْلِ يُغَطّيني مِنَ الْمَطَرِ."

She said to him while revealing her face, "I know everything about you. Why were you not cautious of the girls of Alexandria, Qassem?"

"Maria? You?! How were you capable of killing?"

"That was the only way so that you would come back to Alexandria, Qassem. Five years and you were away from the sea. Away from me."

"That's why I saw the fortune-teller on the same day the Englishman died, and she told me about Alexandria."

"I wanted to make sure you would come."

"Why do all this?"

"After you left me, life got very hard. I left, traveled, and disappeared until people forgot that there was a girl called Maria. And after months, I found my heart yearning once again for Alexandria. So I returned and became a fortune-teller, and no one knew my story except for Musa, who loved me and waited for nothing in return. After I killed the Englishman, I didn't know what to do. Musa stayed with me all night, covering me from the rain."

"ماذا لَوْ لَمْ يَعْرِكِ أَحَدٌ أَيَّ اهْتِمامٍ؟ أَوْ ماذا لَوْ أَرْسَلوا ضابِطًا آخَرَ؟ ماذا لَوْ لَمْ أَقُمْ بِالْبَحْثِ واسْتَسْلَمْتُ لِلْأَساطيرِ الَّتي تَمَّ طَرْحُها؟"

"أنا أَعْرِفُكَ أَفْضَلَ مِنْ نَفْسِكَ. عَقْلُكَ وَضَميرُكَ لَنْ يَسْمَحا لَكَ بِأَنْ تُؤْمِنَ بِذَلِكَ. وَأَنا أَعْلَمُ أَنَّهُ بِمُجَرَّدِ وَفاةِ الرَّجُلِ الإِنْجِليزِيِّ، سَيُرْسِلونَ ضابِطَهُمِ الأَكْثَرَ تَأْهيلًا."

"إِذَنْ أَنْتِ حَسِبْتِ كُلَّ شَيْءٍ! كَيْفَ أَصْبَحْتِ هَكَذا؟"

"تَغَيُّراتٌ كَثيرَةٌ تَحْدُثُ في خَمْسِ سَنَواتٍ، ماعَدا حُبّي لَكَ يا قاسِمُ لا يَتَغَيَّرُ أَبَدًا. عَلى أَيَّةِ حالٍ، لا تَنْزَعِجْ كَثيرًا مِنْ أَجْلِ الرَّجُلِ الإِنْجِليزِيِّ. لَيْسَ الأَمْرُ كَما لَوْ كانَ مَلاكًا. لَكِنْ بِالطَّبْعِ، لا أَحَدَ يَسْتَطيعُ التَّحَدُّثَ عَنْ نَواقِصِهِ أَوْ فَسَيَقْطَعونَ أَلْسِنَتَهُمْ."

لَمْ يُصَدِّقْ قاسِمُ ما كانَ يَسْمَعُهُ... لَمْ يُصَدِّقْ أَنَّ هَذِهِ كانَتْ مارِيا. كانَ الصِّراعُ بِداخِلِهِ بَيْنَ الْحُبِّ والْواجِبِ شَرِسًا.

"What if no one had paid any attention? Or what if they had sent another officer? What if I hadn't searched and had given up to the myths that were being thrown around?"

"I know you better than yourself. Your brain and your conscience would not allow you to believe in that. And I knew that once the Englishman was dead, they would send their most qualified officer."

"So you accounted for everything! How did you become like this?

"A lot changes in five years—except my love for you, Qassem, never changes. In any case, don't get too upset over the Englishman. It's not like he was an angel or anything. But of course, no one can talk of his shortcomings, or they will cut out their tongue."

Qassem couldn't believe what he was hearing... couldn't believe that this was Maria. The struggle inside him between love and duty was fierce.

شَعُرَتْ مارِيا بِالِارْتِباكِ الَّذي كانَ فيهِ. وَضَعَتْ يَدَها عَلى وَجْهِهِ وَقالَتْ لَهُ: "لا تَخَفْ، لَنْ أَهْرُبَ. إِذا أَرَدْتَ الْقَبْضَ عَلَيَّ، وَإِذا أَرَدْتَ زِيارَتي، فَسَأَكونُ في اِنْتِظارِكَ. لَوْ جِئْتَ إِلَيَّ بَعْدَ يَوْمٍ، أُسْبوعٍ، شَهْرٍ، سَنَةٍ، سَتَجِدُني مُنْتَظِرَةً. لَكِنْ لا تَتْرُكْني طَويلًا، وَاِحْذَرْ مِنْ بَناتِ الإِسْكَنْدَرِيَّةِ.

❖ ❖ ❖

بَعْدَ يَوْمَيْنِ، كانَ قاسِمُ في مَكْتَبِ رَئيسِهِ في الْقاهِرَةِ، يُقَدِّمُ تَقْريرَهُ عَنِ الْقَضِيَّةِ وَكَتَبَ سَبَبَ الْوَفاةِ 'لَعْنَةُ الإِسْكَنْدَرِ'.

Maria felt the confusion he was in. She put her hand on his face and said to him, "Don't fear, I will not run. If you want to arrest me, and if you want to visit me, I'll be waiting for you. If you came to me after a day, a week, a month, a year, you will find me waiting. But don't leave me for too long, and beware of the girls of Alexandria."

Two days later, Qassem was in his boss's office in Cairo, submitting his report on the case and had written as the cause of death "Alexander's curse."

ARABIC TEXT WITHOUT TASHKEEL

For a more authentic reading challenge, read the story without the aid of diacritics (tashkeel) and the parallel English translation.

لعنة الإسكندر

"لن تنسى أبدا رائحة يود بحر الإسكندرية، ولن تتمكن أبدا من شمه في أي مكان آخر في العالم. ناهيك عن فتيات الإسكندرية، يا سيدي!" كانت هذه الكلمات الأخيرة التي سمعها قاسم قبل ركوب القطار، كلمات العرافة التي كانت جالسة بجانب مدخل محطة القطار لمدة ثلاثة أيام.

كان قاسم مقتنعا بأن العرافين هم لصوص، لكنهم كانوا مفعمين بالحيوية. سيبذلون جهدا في التحضير لعرضهم، مما يجعلهم جديرين بالمال الذي يأخذونه من الناس، على الرغم من أنهم يقولون أشياء عامة. ما هي البراعة في إخبارك، وأنت تقف عند مدخل محطة قطار، أنه لديك رحلة أمامك؟ كلام فارغ!

ومع ذلك، كان قاسم مقتنعا بأن كل الناس يستحقون الاستماع إليهم، ولكن ليس كل الناس يستحقون أن يصدقوا.

دخل قاسم مقصورته في قطار الساعة 9 صباحا في طريقه إلى الإسكندرية. جلس واضعا رجلا على أخرى، وضعية جلوس ضابط شرطة.

قاسم سلطان عفيفي، أكفأ ضابط شرطة في جهاز الأمن المصري، وضابط شرطة مكروه من قبل الإنجليز. غرست جينات الشرطة بداخله. كان جده ووالده من أفضل الضباط في مصر، وشاركا في الثورة التي امتدت من 1879 إلى 1882، مما جعل الإنجليز يكرهونهما.

كان قاسم أيضا أحد معارضي السياسة الإنجليزية في مصر وشارك مع الناس في ثورة 1919. لكن لأنه ابن الضباط وأحد أغنى الناس في مصر، لم يستطع أحد طرده مثل زملائه، لكن رئيسه كان يستمتع بمنحه مهام سخيفة لإزعاجه.

كهذه المهمة التي كان يقوم بها حاليا في ذلك اليوم، يوم خميس في منتصف ديسمبر. كان البرد مثل الجليد في جسد قاسم، بعد ثلاث سنوات من ثورة 1919.

كان لا يزال في مزاج سيء بسبب حديثه مع رئيسه في اليوم السابق. وفي كل مرة يتذكر المحادثة، كان يشعل سيجارة حتى لا يفقد أعصابه.

"إنه يوم واحد فقط يا قاسم! ستذهب إلى الإسكندرية غدا، وتعود إلى القاهرة يوم الجمعة."

وعندما شعر رئيسه أنه مستاء، أوضح: "إن الإنجليز يحدثون بعض الضجيج حول هذا الرجل الذي توفي قبل ثلاثة أيام. إذا لم نرسل أي شخص، سيقولون إننا لا نبالي، وقد يقولون أننا من قتلناه... لا نريد أي مشكلة يا قاسم... هم خائفون من عودة العصابات التي تختطف رجال الشرطة... والجميع في الاسكندرية يعلم أنها لعنة الإسكندر.

"هل تؤمن بهذه الخرافات؟"

"خرافات؟ هل تعرف كم من الناس ماتوا أثناء البحث عن قبر الإسكندر المقدوني؟"

"لا، لا أعرف."

"بالطبع، أنت لا تعرف. لهذا تسميها خرافات."

نفث قاسم آخر نفس من السيجارة وهو يضحك على رئيسه الذي كان، مثل الشعب، يؤمن بالخرافات، وربما كان يجلب العرافة كل يوم لتخبره حظه، لدرجة أنهم حذروا هوارد كارتر، الذي اكتشف مقبرة توت عنخ آمون من لعنة الفراعنة.

كان القطار يدخل محطة الإسكندرية حيث كان قاسم يغلق الجريدة بعد قراءة الصفحة الأخيرة. أخذ حقيبته ونزل ليجد شرطيا ينتظره بجوار العربة التي يجرها حصان والتي كانت ستأخذه إلى الفندق.

بمجرد خروجه من المحطة، احتضنته رائحة اليود. وعادت إليه الذكريات التي أحبها... والذكريات التي كان يهرب منها. كانت أول فتاة أحبها من الإسكندرية. كانت يونانية واسمها ماريا. وعندما لم يوافق والده على زواجه من أجنبية، لم يستطع العودة إلى الإسكندرية مرة أخرى.

ذكرته كل الشوارع بها، وذكرته بنفسه عندما كان معها. لقد مشيا معا في كل متر تقريبا من الإسكندرية. لكن خمس سنوات غيرت الكثير في الشوارع.

❖ ❖ ❖

قطع صوت الحصان وهزة العربة عندما توقفت أمام الفندق أفكار قاسم. نزل ووجد فندقا من طابقين. كان لونه أبيض شاحب. تجعل أشعة الشمس والملح المباني تبدو متداعية.

وسط ترحيب حار من مدير الفندق، أخذ قاسم مفتاح غرفته وتبع الحمال. على الرغم من أنها كانت مجرد حقيبة واحدة، ولم تكن ثقيلة، إلا أنه كان يطمع في الحصول على البقشيش من الضابط.

"هل كنت تعمل هنا لفترة طويلة؟ سأل قاسم الحمال."

"نعم سيدي. أنا أعمل هنا منذ خمس سنوات."

"إذن، كيف مات الإنجليزي؟"

"لعنة الإسكندر، سيدي. كان عالم آثار ويخرج كل يوم في الصباح ويعود بعد غروب الشمس."

"أين يذهب؟"

"لا أحد يعرف يا سيدي. رآه بعض الناس في القلعة في بحري. ورآه البعض في المكان القديم الذي كان بجوار مكتبة الإسكندرية. وقد رآه البعض الآخر في عمود السواري. ورآه البعض قرب المسجد الكبير."

"وفي اليوم الأخير؟"

"في اليوم الأخير، سيدي، لم يره أحد. آخر مرة رآه موظف الاستقبال كان يخرج من مدخل الفندق، ولم يره أحد طوال اليوم في أي مكان في الإسكندرية. وعندما لم يعد إلى المنزل. ذهبنا في صباح اليوم التالي للبحث عنه. وجدناه ميتا في عمود السواري، وكانت جميع ملابسه مبللة بالماء.

قال الناس إنه ربما غرق، لكن إذا كان قد غرق، فسنجده على الشاطئ في مكان ما على طول الكورنيش. إذا كان الأمر كذلك، فكيف عبر كل تلك المسافة بعد أن غرق في عمود السواري؟ بالتأكيد، كان الإسكندر هو الذي جره في الماء حتى غرق، ثم ألقى به داخل الإسكندرية، ثم سقط بجوار عمود السواري ليكون بمثابة درس لكل من يحاول العثور على قبر الإسكندر مرة أخرى."

جلس قاسم أمام نافذة غرفته وهو ينفخ دخان سيجارته في اتجاه البحر. كان الحمال يتحدث مثل رئيسه في العمل، لم يكن هناك فرق. قرر ألا يهتم وأن يتقبل فكرة هذه اللعنة، ويقضي الليل، ويعود في اليوم التالي، وهكذا تنتهي الحكاية. لكنه شعر أن هناك شيئا ما، وأن ضميره لن يغفر له إهماله لوظيفته، ولن يغفر له عقله إذا سمح للجهل والأساطير باتخاذ قراره نيابة عنه.

أطفأ السيجارة، وغادر الغرفة ونزل إلى الطابق السفلي، وطلب من المدير أن يرتب له عربة لنقله إلى عمود السواري.

بمجرد أن وقف بجانب العمود، وضع يده على شفتيه... مكان قبلته الأولى مع ماريا. كان قلبه ينبض بقوة وكان يركض في صدره. كانت دقات قلبه تتسابق مع بعضها البعض.

بعد أن فتش المكان، لم يكن هناك شيء غريب، وكأنه لم يكن هناك ميت في المكان قبل أيام.

ثم طلب من مأمور قسم الشرطة جمع كل الصيادين للتحدث معهم.

قال المأمور: "بالإسكندرية أكثر من خمسين صيادا، هل ستتحدث معهم جميعا؟"

"نعم، سأتحدث معهم جميعا. أنا حر."

في غضون ساعة، جمعوا له 53 صيادا.

سألهم: "من كان في البحر يوم الحادث؟"

لم يجبه أحد باستثناء رجل عجوز تجاوز الستين من عمره، ولم تبق في لحيته شعرة واحدة سوداء "لم يكن هناك أحد في البحر بالأمس، سيدي. كانت هناك أمطار غزيرة، وشعرنا جميعا بالخوف."

"إذن، لم ير أحد الإنجليزي يوم وفاته؟"

"لا يا سيدي، لعنة الإسكندر لا يمكن أن يراها أحد."

مرة أخرى، وجد قاسم نفسه في مواجهة لعنة الإسكندر.

كان من الغريب أن يصدق الناس شيئا ما كثيرا هكذا، على الرغم من عدم رؤيته. كل القصص تروي نفس التفاصيل. شخص ما يبحث عن قبر الإسكندر الأكبر، وبعد بضعة أشهر، سيجدونه ميتا في مكان غريب.

بدأت القصة برجل مصري منذ 100 عام. كان رجلا ثريا، وقرر أن ينفق أمواله في البحث عن قبر الإسكندر الأكبر. ومع ذلك، بعد شهر من البحث، وجدوه ميتا في القلعة. بعده جاء مصري ثان وبعده مصري ثالث حتى اقتنع المصريون بلعنة الإسكندر وقرروا عدم ذهاب أي مصري للبحث عن قبر الإسكندر.

لكن الإغريق والإيطاليين الذين كانوا يعيشون في الإسكندرية لم يصدقوا هذه الأسطورة وقرروا أن يذهبوا للبحث عن قبر الإسكندر لدرجة أنه كانت هناك وظيفة تسمى 'باحث عن مقبرة الإسكندر'. جاء العديد من الشباب من أوروبا للمشاركة في فرق البحث هذه. ولكن مع وفاة قائد الفريق، أصيب بقية الفريق بالخوف الشديد وحجزوا تذكرة على متن أول قارب يعود إلى أوروبا.

توقفت الوظيفة كباحث عن قبر الإسكندر، وأصبح البحث نشاطا فرديا للأشخاص ذوي القلوب الشجاعة أو الذين تبقت لهم بضع سنوات للعيش.

لم يكن أمام قاسم خيار سوى الذهاب إلى 'الجانب الآخر من البحر'، الجانب الأجنبي، أو كما كان يحب تسميته 'جانب ماريا'. المنطقة التي يعيش فيها أناس من اليونان وإيطاليا وإنجلترا. المنطقة التي لا يسأل فيها أحد الآخرين عن دينهم. إسكندرية، مثل أثينا وروما، كان لشوارعها بصمة

رومانية. وكانت ماريا مثل فينوس، آلهة الجمال التي تأسر قلوب كل من تسقط عينه عليها.

بمجرد دخول الحصان إلى الحي الأجنبي، كانت عيون قاسم تبحث في كل زاوية عن حبيبته. كان ينتظر أن يلمح خيالها على واجهة أي متجر.

تجمع أصحاب المحلات حوله، ورووا جميعا نفس القصة: "في يوم الحادثة لم ير أحد الإنجليزي."

سألهم قاسم: "هل سمعتم عن لعنة الإسكندر؟"

خاف بعضهم، وضحك البعض، وقال البعض إن هذه قصة إخترعتها عصابات كانت تخطف وتقتل الإنجليز من أجل تخويف الجيش الإنجليزي، وأنه بالتأكيد شخص ما من هذه العصابات فعلها. لكن رجلا إيطاليا أجابه وأخبره أن هذا كان يحدث منذ 50 عاما، وكذلك لم يكن الإنجليز الوحيدون الذين اختفوا.

أغلقت كل الطرق في وجه قاسم. وكانت جميع المحادثات تدور حول نفس النقطة، حتى لو كانت التفسيرات مختلفة، بين الأساطير والإمكانيات، لكن لم يعرف أحد شيئا، ولم ير أحد ما حدث.

عاد قاسم إلى الفندق ممتلئا باليأس ولديه شعور بأنه يتجه نحو طريق مسدود. ثم استفاق عندما اتصل به موظف الاستقبال للمرة الثالثة ليخبره أن لديه رسالة. فتح الرسالة ولم يجد عليها اسما، كل ما كتب كان 'استمر في البحث عن البحر.'

"من ترك هذه الرسالة؟"

"امرأة بدت غريبة وكانت تقول أشياء غريبة."

أدرك قاسم أن العرافة كانت في الإسكندرية، لكنه لم يعرف ما الذي كان سيأتي بها إلى هنا ولماذا تركت له هذه الرسالة.

سأله موظف الاستقبال: "متى تريد منا أن نجهز لك عربة غدا لنأخذك إلى المحطة؟"

فكر قاسم لدقيقة ثم أجاب: "لا، لن أسافر غدا، ورجاء غير لي هذه التذكرة إلى بعد غد صباحا."

❖ ❖ ❖

كانت ليلة قاسم مليئة بالقلق والأحلام الغريبة. كل التفاصيل التي كان يسمعها طوال اليوم كانت تتشاجر في رأسه حتى حل ضوء النهار.

شرب قهوته مع سيجارة الصباح وانتقل مرة أخرى نحو بحري، إلا أنه لم يخبر أحدا هذه المرة.

كان البحر هادئا، مما شجع الصيادين على أخذ قواربهم والذهاب إلى البحر. من بين الرجال، اكتشف صيادا وابنه لم يرهما في اليوم السابق. اقترب منهما وحياهما.

"لماذا لم أراكما بالأمس؟"

فقال والد الصبي: "عذرا سيدي، الصبي كان محتجزا في المستشفى."

"الشفاء العاجل. ما الأمر؟"

"حسنا يا سيدي..." قبل أن يواصل الرجل الكلام، قاطعه قاسم.

"بني، ألا يمكنك التحدث؟"

أجابه الصبي بصوت خافت أجش.

فقال والد الصبي لقاسم: "آسف يا سيدي لكن صوته ذهب بسبب المرض."

"ماهي مشكلته؟"

"يبدو أنه أصيب بنزلة برد شديدة ولم يتمكن من التنفس."

"أتمنى لك الشفاء العاجل. ومتى رأيتما الإنجليزي؟"

"لم يره أحد يا سيدي. لا أحد يرى..."

"لعنة الإسكندر، نعم، أنا أعرف. لكنني اعتقدت أنكما ربما تكونان أكثر ذكاء."

عاد قاسم وجلس في المقهى الذي كان أمام مرسى القوارب مباشرة، وانتظر عودة القوارب.

وخلال ذلك الوقت، كان يسأل كل من يراه عن موسى، إبن الصياد، المريض. لكن كل القصص قالت أنه كان ولدا هادئا، وأن الجميع يحبه، لكنه يحب فتاة لا يعرفها أحد. حاول كثير من الناس معرفة أمر الفتاة التي يحبها موسى، لكنه طمس السر في قلبه وألقى مفتاحه في البحر.

كانت علاقته بالرجل الإنجليزي جيدة جدا، ولم يرهما أحد يتجادلان. كانت علاقة موسى بالإسكندرية جيدة، حتى مع العرافة.

سأل قاسم النادل: "كيف أصل إلى منزله؟"

وصف له الطريق والبيت وأخذ ماله.

كان قاسم يفكر فيما قاله الناس عن موسى. وكان يفكر في الصبي الذي اختفى صوته ولكن عينه تقول الكثير.

وصل إلى المنزل، وقبل أن يطرق الباب وجده مفتوحا وخرجت العرافة ووالد موسى من ورائها.

"مرحبا سيدي. تفضل بالدخول."

"لن آخذ الكثير من وقتكم، لكنني أريد إجراء محادثة قصيرة مع موسى."

العرافة التي لم تظهر سوى عينيها: "بنات الإسكندرية، يا سيدي إحذرهن!"

"ما الذي تفعلينه هنا؟"

"أنا هنا، وهناك، وعند العمود."

دخل المنزل وتركها عند الباب وجلس مقابل موسى.

"أين كنت يوم قتل الإنجليزي؟"

كان صوته خافتا وبعيدا ومرهقا وهو يقول: "كنت في المنزل يا سيدي كبقية الصيادين."

"لماذا ذهبت إلى المستشفى؟"

"كما أخبرك والدي، لم أستطع التنفس. نزلة برد شديدة."

"أم لأنك سبحت في البحر عندما كان المطر في أشد حالاته؟"

ارتبك موسى. "وماذا، يا سيدي، يجعلني أخرج تحت هذا المطر؟"

"هذا ما أريد أن أعرفه."

قاطعت والدة موسى حديثهما عندما دخلت بصينية شاي.

"ألم يكن بإمكانك أن تجعلي موسى يعتني بنفسه ولا تتركيه يسبح في الماء عندما يكون الجو باردا؟"

"الماء؟ ألم تخبرني للتو أن ما بلل ملابسك هو المطر في الخارج وليس البحر؟"

ابتسم قاسم ونظر إلى موسى. علم موسى في ذلك الوقت أن خطته قد فشلت.

بعد أن غادرت والدة موسى، التفت قاسم وقال: "هل خرجت في ذلك اليوم؟"

أجاب موسى والدموع تملأ عينيه: "لم أفعل شيئا يا سيدي."

"لا تكذب علي، لكي أحاول مساعدتك."

"أنا لا أكذب يا سيدي. من فضلك، أبي وأمي ليس لديهما أحد آخر سواي، وبدوني سيموتان من الجوع. لم أفعل شيئا أكثر مما فعلت."

"ماذا فعلت أنا؟"

"لقد أحببت يا سيدي. والحب هو ما أوصلني إلى ما أنا عليه الآن."

"يجعلك تقتل؟"

"سيدي، أقسم لك أنني لم أقتل أحدا."

"خرجت في يوم الحادثة بالرغم من سوء الأحوال الجوية لدرجة أنك أصبت بالتهاب في الرئة من المياه والمطر والرياح الباردة. لماذا أردت قتله؟"

"سيدي، لم أقتل أحدا!"

"إما أن نجد القاتل أو نعتبرك القاتل. لن أكتب في محضر قضية تخصني أن سبب الوفاة هو لعنة الإسكندر!"

"العرافة!"

"آه، صحيح! من أين تعرف العرافة؟"

"إنها قصة طويلة يا سيدي."

"العرافة هي التي جعلتك تقتل؟ ماذا؟ هل سحرتك؟"

"العرافة لم تجعلني أقتل. إنها هي من قتلت."

فجأة توقفت كل فكرة في عقل قاسم. طوال هذا الوقت، كان يبحث عن أن القاتل رجل، لكنه لم يفكر أبدا في إمكانية كونه إمرأة.

"حتى لو كان هذا صحيحا، فسيتم اعتبارك متسترا عن هوية القاتل، وهذه أيضا جريمة."

"لقد أحببت من قبل يا سيدي. قصتك أنت و ماريا حديث الإسكندرية. لذا فأنت تفهم ما يمكن أن يفعله عاشق، ولو كنت مكاني لفعلت الشيء نفسه."

"هل جننت؟ مستحيل أن أفعل شيئا مثلك لأنني لست مثلك. أنا رجل قانون. سكت لمدة ثانيتين ثم قال: "أين أجد العرافة الآن؟"

"لقد أخبرتك عن موقعها."

"لم تقل شيئا. قالت إنها كانت هنا وهناك... وفهم فجأة. "عند العمود!"

شد موسى من ذراعه وقال له: "ستأتي معي."

اصطحبه، ركض خارج المنزل، وسرعان ما ركب العربة وقال للسائق: "عمود السواري!"

❖ ❖ ❖

كانت دقات قلبه تتسابق مع صوت خطوات حوافر الحصان على الطريق. عندما وصلوا إلى وجهتهم، نزل راكضا وجذب موسى من يده. وما أن دخل ونظر حوله، وجد العرافة واقفة بجانب العمود. رفع مسدسه وصرخ: "مكانك! لا تتحركي!"

بقيت واقفة حيث كانت. كان قاسم يقترب منها ببطء وحذر حتى وصل إليها. استدارت ونظرت في عينيه. "هل تتذكر أول مرة قبلت ماريا هنا يا قاسم؟"

تفاجأ قاسم وسألها: "كيف عرفت؟"

قالت له وهي تكشف عن وجهها: "أنا أعرف كل شيء عنك. لماذا لم تأخذ حذرك من فتيات الإسكندرية يا قاسم؟"

"ماريا؟! أنت؟! كيف كنت قادرة على القتل؟"

"كان هذا هو السبيل الوحيد حتى تعود إلى الإسكندرية يا قاسم. خمس سنوات وأنت بعيد عن البحر. بعيد عني."

"لهذا رأيت العرافة في نفس يوم وفاة الرجل الإنجليزي، وأخبرتني عن الإسكندرية."

"أردت أن أتأكد من أنك ستأتي."

"لماذا كل هذا؟"

"بعد أن تركتني، أصبحت الحياة صعبة للغاية. غادرت وسافرت واختفيت حتى نسي الناس أن هناك فتاة تدعى ماريا. وبعد شهور وجدت قلبي يتوق مرة أخرى للإسكندرية. لذلك عدت وأصبحت العرافة، ولا أحد يعرف قصتي إلا موسى الذي أحبني ولم ينتظر في المقابل شيئا، وبعد أن قتلت الإنجليزي لم أعرف ماذا أفعل، ومكث موسى معي طوال الليل يغطيني من المطر."

"ماذا لو لم يعرك أحد أي اهتمام؟ أو ماذا لو أرسلوا ضابطا آخر؟ ماذا لو لم أقم بالبحث واستسلمت للأساطير التي تم طرحها؟"

"أنا أعرفك أفضل من نفسك. عقلك وضميرك لن يسمحا لك بأن تؤمن بذلك. وأنا أعلم أنه بمجرد وفاة الرجل الإنجليزي، سيرسلون ضابطهم الأكثر تأهيلا."

"إذن أنت حسبت كل شيء! كيف أصبحت هكذا؟"

"تغيرات كثيرة تحدث في خمس سنوات، ماعدا حبي لك يا قاسم لا يتغير أبدا. على أية حال، لا تنزعج كثيرا من أجل الرجل الإنجليزي. ليس الأمر كما

لو كان ملاكا. لكن بالطبع، لا أحد يستطيع التحدث عن نواقصه أو فسيقطعون ألسنتهم."

لم يصدق قاسم ما كان يسمعه... لم يصدق أن هذه كانت ماريا. كان الصراع بداخله بين الحب والواجب شرسا.

شعرت ماريا بالارتباك الذي كان فيه. وضعت يدها على وجهه وقالت له: "لا تخف، لن أهرب. إذا أردت القبض علي، وإذا أردت زيارتي، فسأكون في انتظارك. لو جئت إلي بعد يوم، أسبوع، شهر، سنة، ستجدني منتظرة. لكن لا تتركني طويلا، واحذر من بنات الإسكندرية.

بعد يومين، كان قاسم في مكتب رئيسه في القاهرة، يقدم تقريره عن القضية وكتب سبب الوفاة 'لعنة الإسكندر'.

Modern Standard Arabic Readers Series

www.lingualism.com/msar

Printed in Great Britain
by Amazon

36215627R00036